「ほめる」「叱る」
のその前に

子どもに
とどく
伝え方

入江礼子＝著

赤ちゃんとママ社

はじめに

子どもって「おもしろい！」「一生懸命生きている」というのが、子どもとかかわる仕事を続けてきた私の正直な気持ちです。

若いころ勤めていた幼稚園に、妹が生まれ、心が千々に乱れ、いたずらばかりする男の子がいました。でも、その子のお母さんの話を聞くと、家では妹をとてもかわいがり、手伝いもしてくれるというのです。真逆の彼のようすを知り、「子どもは大人が思っている以上に、複雑な心の世界を生きている」と感じました。どちらの彼も本当の気持ちを表しているけれど、相手によって出てくる部分が違うのです。そんな子どもたちに出会うたびに、子どもは「一生懸命生きている」と思ったものです。その気持ちが、私自身の子育てのときに揺らぎかけたことも事実です。

子どもと生活しながらも、第三者の目をもっている教師とは違う感触。それは何かと考えてみると、子どもは「自分の分身」だったり、認めたくはないけれど「所有物」と思ってしまったりすることでした。特に長女のときは、声を荒らげたり、「もう知らない」と言ったりして、子どものことを学んできた私自身の自負はズタズタになりました。

子どものペースに合わせたり、自分のペースで突っ走ったりしながら、本格的に私の子育て修業が始まりました。そして、試行錯誤を繰り返すうち、「子どもと気持ちよく生活すること」について考えるようになったのです。

たとえば、子どもを叱る前に…、いえ、現実には叱ってしまったあとに「あのとき、私は子どもにいったい何を伝えたいと思っていたのだろう」と、自分を振り返るようになりました。また同時に、「子育て」とは子どもを育てると書くけれど、自分育ての時期でもある、ということを実感するようになったのです。

本書を手に取られた方のなかには、ほめ方・叱り方のノウハウを求めている方もいらっしゃるかもしれません。しかし私は、書かれているエピソードをもとにご自身の子育てを考えていただくことで、「わが子に何を伝えたいのか」を探す旅に出てほしいと思うのです。その旅の終わりには、きっと、「子どもって大変だけれど、おもしろい！」と思っていただけるのではないかと、密かに願っています。

入江礼子

C O N T E N T S

どうして…？
……どうしてって……どうしてだろ？
わかんないや

巻頭
座談会

ガミガミ言っちゃう私たちの胸のうち

子どもを叱ったときのことを振り返ると、見えてくる自分の気持ちや価値観。事例をもとに、４人のお母さんにざっくばらんに話してもらいました。

Aさん
20代後半
専業主婦
１歳半（女の子）

Bさん
40代後半
会社員
４歳（女の子）

Cさん
30代前半
会社員
６歳と３歳
（ともに男の子）

Dさん
30代後半
専業主婦
５歳（女の子）
３歳（男の子）
０歳（女の子）

事例
どうして貸してあげられないの?
仲良しのマリちゃん(2)が初めてわが家に遊びに来てくれた!!
アカネちゃーん♥
おじゃましまーす
のに
ダメーッ!!
アカネちゃんのっ
ダメーッ!!
コラッ!!
貸してあげなさいっっ
マリちゃんもう帰るっっ
ごめんねー
わーーっ
アカネが貸してあげないからマリちゃん帰っちゃったよ!?
せっかく来てくれたのにっっ
うわあああんっ
ごめん…ちょっと怒りすぎちゃったね…
だからアカネのもの貸したくなかったのね…
メソメソ

状況によって変わる叱り方

事例のように、うちの娘もおもちゃを貸さなかったら「何やってるの！ 貸しなさい！」と強く言うだろうな。

私は、友人の子どもとのささいないざこざだったら、暗黙の了解ですませるけど、相手が近所や保育園のママ友の子だったら娘を叱っちゃう！ 娘が2歳ぐらいから、よくないことをしたら2人で反省会をするんです。「反省会するよ！」と娘を呼んで、何がよくないことだったのかを説いてから、娘がぐうの音も出ないことを言ってだまらせるんです。よくないやり方だとはわかってはいるけど、やってしまう…。

子どもを追いつめて言いたくなる気持ち、わかりますよ。以前、長男が友達の家に大切にしているおもちゃを忘れてきたことがあったんです。しかも、長男が忘れたことに気づいたのは1週間後！ 相手のお母さんとはあま

り話したことがなかったので、こんなに時間がたってからどう伝えたらいいのかと考えていたら、だんだん腹がたってきて、今までおもちゃを忘れてきたことに気づかなかった息子をさんざん叱って泣かせました。相手のお母さんに、どう嫌みなく伝えるか、ひと晩悩みましたね。相手の子も同じものを持っていると聞いたので、息子をおとしめつつ「汚いほうでいいので」というメールを送りました。絵文字もたくさん使いました。

そういうときには、相手のお母さんに、こっちが怒っていると思われないように、必要以上に絵文字を入れちゃいますよね。

メールを送るタイミングを考えながら、私は息子のことを考えているようで、実は自己中心的だなって、つくづく思いました…。

子どものことよりも、相手のお母さんとの関係を考えちゃうんですよね。

わかるな〜。やっていいことと悪いことの基準は人によって違いますしね。私は、子どもが水たまりで遊ぶのは気にならないけど、いやがるママ友といっしょにいたら、叱っちゃう。そういうことをとっさにやっているな〜。

逆に、周囲にほかのお母さんがいないと、たがが外れたように叱るときはありませんか？ 先日、誰も見ていないと思って長男をすごく叱っていたら、通りすがりのおばあさんが来て「お母さん、落ち着いて」って。ほかのお母さんがいたら、もう少し自分をおさえていたかも。

ひとりで子育てするのは難しい

長男を出産したとき、ママ友もいなくて孤独でした。童謡や手遊びを知らなかったので行き詰まってしまい、喃語《なんご》をしゃべる長男に「バブーとか言ってんじゃないよ！」と、八つ当たりしていました。

私も、産後うつはひどいし、子どものこともわからないし、相談相手もいないしで、毎日泣いていました。子どもが離乳食を食べてくれないと、「もう食べなくていいよ！」と当たったり、子どもが大泣きすると、近所で虐待と思われているんじゃないかと不安になって「泣かないでよ！」と、どなったり…。でもそんなとき、自治体のママ友の会に参加したら、親しいママ友ができて少しずつ輪が広がっていったんです。自分から動くことは本当に大事だと身にしみました。

親になったらわが子のことはわかって当然と思っていたけど、わから

ないんですよね。予想外のことばかり起きるから、いつもあわてていて子どもの気持ちを理解する余裕もない。毎日イライラしていて、全力で子どもに立ち向かわないと倒れてしまうと思っていたくらい、ずっと緊張状態でした。

相談に乗ってくれたり参考にできそうな方は、周りにいましたか？

今思えば、母は、私が安心できるような言葉をかけてくれましたが、当時の私には〃この人の言うことなら信じられる〃と思える第三者でないと、心に響かなかったと思います。

私は第三者のコメントを否定的に受けとめてしまうときがあります。「『がんばって！』って簡単に言うけど、いつもがんばってるよ！」って。でも今は、子育て中のお母さんにひと言でも「大丈夫！」と言うのはすごく大事なことだと思います。やっぱりほかの子ができることを自分の子はできないとか、発達や成長で不安なことがあると悩みますもの。このあいだ、初めて児童館の一時あずかりを利用しました。娘と離れたら、無意識に「寂しい」

寂しい…
でも一人だとラク!!
プルルルルル…
サッ
発車しまーす
でも寂しい…
いい子さんだったね―!!
ママー!

とつぶやいていたんです！

自分のからだの一部が欠けたような気がしますよね。

そう。あんなに気にしていた外出先での娘のぐずりが恋しくなって、思わず泣きそうになったほど(笑)。でも、娘を迎えに行って元気な姿を見たら、〝大丈夫〟って思えたんです。娘が成長していることを実感できたし、子育ては誰かの手を借りないと難しいことだということもわかりました。まわりには支えてくれる人がいて、私はひとりじゃないと思えたんです。

私は長女を出産したとき、母に「自分がラクなように子育てをしなさい」と言われました。子育てって〝理想を追い求めないもの勝ち〟ですよね。ちゃんと手を抜くことも大切ですよ。

私は高齢出産なので、あらかじめ周囲の先輩ママから「子どもはあっというまに大きくなるよ」とか、「子育ては忍耐と闘い！」と聞いていたので、「みんな同じなんだな～」って、最初のころから安心できました。

〝子育ては、みんなだいたい同じ〟と思ってスタートできたら、それだけで気がラクになりますよね。

だんなの協力は、ありがたいけどズレている！

私たち母親が「子どもを育てなきゃ！」とつねに一生懸命なのに、だんなって、妻のつらさにはほとんど気づかないですよね。

そう！　毎日、子どものことや家のことであわただしいのに、帰ってきただんなに「ごはん、まだ？」と言われると、も～んのすっごくイラッとします。あと、だんなって段取りは考えないし、空気も読まなくないですか!?　洗濯機をまわしているあいだに食器を洗えばいいのに座っていたり、子どもが泣いてもあやさないで見ているだけ！

私は逆で、夫は家事も育児もやってくれて助かりますが、それ以上にすごく口うるさいんです！

自分ができちゃうからか～。しかも、私が息子を叱ると加担してくる。夫には子どもの逃げ場になってほしいのに…。そう伝えると、夫婦げんかになるんです。

夫婦げんかは子どもが寝てからいくらでもできるのにね。こっちがやってほしくないタイミングでやってほしくないことをしてくれるだんなも、イライラの原因のひとつですね。

第1章

どうしてこんなに叱ってばかり？

穏やかな日がないほど、子どもを叱る毎日。
何度言っても言うことを聞いてくれないわが子に、
眉間のシワは深く濃くなるいっぽう！
本当は叱りたくなんかないのに、
私、なんでいつも叱っているの？

「叱る」のは子どものためというけれど

子どもが何かよくないことをしたとき、なぜ叱るのかと聞かれたら、あなたは「もちろん子どものためです」と答えるでしょう。

たとえば、子どもの言動にカッとなって子どもをたたいても、それは「子どものしつけのため」という人がいます。たたくことのよしあしはここでは述べませんが、その人は本当に子どものために叱ったのでしょうか。

「叱る」とは、相手をよりよくするためになされる行為のはずですが、肝心の子どものほうは、「お母さんはものすごく怒っていて怖い」「たたかれて痛い、悲しい」というように、お母さんが声を荒らげたり、たたいたりすることを「イヤだ」と感じています。つまり、親は子どものために叱ったつもりでいるのですが、それによって子どもがよくない行動を理解したり、それを本当の意味で正したりすることは、実は「できない」ということなのです。カッとなった自分の感情を子どもにそのままぶつけるのは、子どものためというより、自分が怒っているという意思表示でしかありません。親が怒っている理由を子どもが理解してはじめて、「叱る」が成立するのです。

「叱る」と「怒る」は紙一重

私の長男が高校生のころ、「大人は怒る必要のないところで怒っている」と言われ、ハッとしたことがありました。大人になった長女からも「お母さんはよく怒っていたよね」と言われます。

私は子どものために厳しく叱っていたつもりでしたが、振り返ってみれば、子どもにガミガミ言っていたとき、私は子どもに対してものすごくイライラしていました。

その感情をそのままぶつけたことも多かったのでしょう。子どもたちの記憶には、「お母さんはよく怒っている」ということだけが残ってしまったようです。

ただ、自己弁護のようになりますが、「叱る」と「怒る」は紙一重。だからこそ混同しますし、その区別は簡単ではないために、〝叱っているつもりが、実は怒っている〟ということが生じるのです。

「叱る」のなかにある無意識

紙一重である「叱る」と「怒る」を明確に区別することに頭を悩ませるのではなく、まずは、子どもにイライラする、カッとなる、そんな自分の怒りの感情の理由や原因に意識を向けてみましょう。

あなたはどんなときに子どもを叱りますか？　子どもがよくないことをしたとき、危ないことをしたとき、人に迷惑をかけたときなど、さまざまな理由があるでしょう。では、そのよくないことや危ないこと、人への迷惑などの基準は誰の判断でしょうか？　そう、それは、あなたのなかにある基準によるものなのです。あなたが生きてきたなかで身につけてきたモラルや価値観が、子どもを叱るときに無意識のうちに反映されているのです。

たとえば、児童館や公園など、お母さんと小さな子どもが集まるような場所で子どもどうしのトラブルが起きたとき、「相手のお母さんに子どもを叱れない親と思われたらイヤだな」と、わが子を過剰に叱ったり、砂場で遊んでいた子どもの服が汚れてしまったとき、あとでする洗濯が大変になるから「どうしてこんなに汚すの！」と、大人の都合で子どもを叱ったことはありませんか？

冷静に考えてみると、その叱りは子どものためではなく、自分のため。そこに

気づくと、お母さん自身が他人にどう思われたいのか、もしくは何がイヤで子どもを強く叱ってしまったのかが見えてきます。

その気づきはとても大事なことです。客観的に自分を振り返れば、次はどうしたらいいかを考えながら、子どもと向き合うことができるでしょう。

わが家のコロッケ騒動

私の長男が小学校5年生だったときのこと。当時、私たち一家は夫の仕事の都合でアメリカで暮らしていたのですが、慣れない外国暮らしのなか、せめて食事ぐらいは食べ慣れたものをと、心を砕いていました。よく登場したのが、私の好物のコロッケ。私の手作りで、家族からもいつも好評だと思っていました。

ところがある晩、夕飯の席で長男がぽろりと「またコロッケか」とつぶやいたのです。それを聞いた私はカッとして『またコロッケとは何よ！　出してもらったものに文句を言うなら出て行け！』と、息子を家の外に引きずり出しました。このとき、私は「作ってもらったものに文句を言うようなわがままを許してはいけない」という理由で厳しく叱ったつもりでした。でも実際には、家族を思って一生懸命作った料理をけなされたような気がして傷ついたから、息子に腹を立てて怒りの感情をぶつけたのです。

冷静に考えると、しょっちゅう食べていれば飽きることもある、とわかりそうなもの。思い返してみると、しつけを言い訳にずいぶん無意識に、子どもをガミガミ叱ってきたものだと思います。

やっかいな「見栄」と「思いこみ」

「いいお母さんでありたい」と思っていませんか？「あたりまえでしょ」と言う声が聞こえてきそうですが、それは誰にとっての〝いいお母さん〟でしょうか。もしかしたら、他人から「しっかりしたいいお母さんだと思われたい」というあなたの願望かもしれません。あるいは、自分の理想とするお母さん像に近づかなくては、と思っているのかもしれません。そしてうまくいかないときには、自分はダメな親だと思いこんでいませんか？

そのことがよくわかるエピソードを紹介しましょう。

私の長女が幼稚園のとき、滲出性中耳炎の治療のために耳鼻科を受診しました。長女は治療の痛みで大暴れ。先生に「お母さん、押さえてください！」と言われ、看護師さんと2人がかりで押さえつけました。でも長女は暴れるいっぽう。夫にも連絡し、会社を早退して病院に来てもらいましたが、それでもおさえることはできず、「こんなに暴れる子の治療はできない」と、さじを投げられ、結局、治療してもらえませんでした。

そこで仕方なく、別の耳鼻科を受診することにしました。怖がって逃げる長女を追いかけまわして捕まえ、なんとか病院へ連れていきました。そこは、子どもにきちんと説明して恐怖心を取り除きながら、痛くない治療をする先生がいるという評判の病院。ここでは、長女は先生と話をしながら、おとなしく治療してもらうことができたのです。

いいお母さんになるはずが…

今となればよくわかります。「子どものために治療させなくては」と思っていたつもりが、医師や看護師などのほかの大人の目や、〃こうあらねばならない〃という母親像に固執するあまり、わが子の恐怖心をなおざりにしてしまったのです。

最初に受診した耳鼻科の先生は、子どもを診るのに適した医者ではありませんでした。子どもにとっていいお母さんでありたいなら、そのことに気づいてあげなくてはならなかったのに、「おとなしく治療を受けられる子どもを育てている、いい母親と思われたい」という見栄や、「子どもに治療を受けさせられないのは、私がいい母親ではないからだ」という思いこみに、がんじがらめになっていたのです。

見栄と思いこみを手ばなせば、もっとシンプルに「いいお母さん」でいられるのかもしれません。

いい母親と思われたい
ぎゃあああああっ
暴れるなら治療は無理

見栄
思いこみ
手放せばよかったんです

〝子どもであること〟を叱っている？

子どもは大人が困るようなことをたくさんします。食事をこぼす、何をするにも時間がかかる、物を壊す、散らかす…。見ているほうはイライラしますよね。「いつまでかかってるの！」と言ってしまうこともあるかもしれません。でも、子どもは親を困らせようと意図してやっているわけではありません。からだや脳の発達、本来の性格、あるいは単にまだうまくできないだけなのです。

たとえば、小食の子どもは食事に時間がかかります。ひと口食べてはいつまでもモグモグ…。スプーンですくったかと思えばお皿に戻したりして、食べ終わるのはいつになることか。これに大人はイライラします。私の4歳になる孫が、まさにこのタイプ。両親は途中で食事を下げたり、ごはんを食べないならデザート抜き、なんてこともしているようですが、祖母である私は、あえてこの子の〝ゆっくり食べ〟につきあってみることにしました。

ようすをよく見ていると、いつもゆっくりというわけではなく、さっと食べ終わる日もあるのです。なんといっても孫は4歳。もう少し成長すれば、だいぶ食べ方も変わってくるでしょう。第一、大人にも小食がいれば大食漢もいます。それをとがめたりはしま

せんよね。

幼少期は、これからたくさんの経験を重ねて大人になるため、いろいろなことを習得する大切な時期です。とにかくやってみて、同じような失敗を繰り返しながら学んでいます。ただ一生懸命生きている、それだけなのです。

ですから親としては、「思うままにならないのが子どもという生き物」「そのうちできるようになる」と腹を据え、どーんと構える余裕が必要です。

「ガミガミ」に隠れた支配

そうはいっても、子どもの行動にイライラをおさえられないときはあるものです。

子どもは目の前のことに夢中で、お母さんの状況や都合はおかまいなし。思うままにならないのが子どもなら、日々忙しく、子どもに合わせてばかりもいられないのがお母さんという生き物です。

急いでいるとき、何を言っても、うんともすんとも動かなければ「さっさとしなさい！」「早く寝なさい！」「言うことを聞きなさい！」など、ガミガミはどんどんエスカレートします。あげくの果てには大声で怒鳴られ泣き出す子どもに「泣くな！」と言ったり、思わず手をあげてしまったりする始末…。

考えてみてください。言うことを聞かないからといって、同じことを大人にもしますか。大人どうしなら理性で折り合いをつけたり、譲り合ったりできるはずなのに、子どもには一方的に威圧的な態度をとってしまう…。それはなぜかといえば、子どもの立場が大人より弱いからにほかなりません。

カッとなるのもしかたありませんが、理性のない叱りは、ときに〝支配〟となることを知っておいてほしいと思います。

子どもに理性を求めることは、なかなか難しいものです。まっすぐ理性を働かせなくてはならないのは、大人のほうなのです。

自分なりのルールを見つけよう

子どもが子どもであることを叱ってもしかたがないし、ガミガミ言いつづければ、それは支配になりかねない。ですから本来は、大人が理性をコントロールしなければなりません。しかし、いつも子どものいいなりになることは不可能です。「ここまでは子どもに譲歩するけれど、ダメなものはダメ」という、大人の決めたルールを守ってもらうための、自分なりの、あるいは家族で共通の線引きを決めておくといいでしょう。これを決めておくと「子どもを受け入れられず、感情的になってしまう」と、苦しむ場面は少なくなります。

たとえば、子どもがまだ小さかったころ、私の決めたルールのひとつが「一日の流れ」を決めることでした。朝7時には起きて、夕飯は6時。夜8時半には布団に入る、というふうに。子どもがもっと遊びたいとダダをこねても、まだ寝たくないと言っても、この時間は絶対でした。この基本のリズムを守っていれば、子どもは元気に過ごせるし、結果的に、ムダなぐずりも減ったように思います。

また、子どもにとっても、「すべてが思いどおりになるわけではない」と、親との関わりから気づくことも必要です。親子で折り合いをつけながら、気持ちよく暮らす術を習得できるといいですね。

ひとつできればマル！

自分なりのルールは、たとえば10個作ってすべてそのとおりにやろうとすると無理が生じます。なんといっても相手は子どもです。成長の過程にあり、失敗から学んでいる最中なのです。

お母さんがルールをすべて守ろうと必死になればなるほど、ルールはストレスになり、自分を責めたり、ストレスの矛先を子どもに向けてしまったりする可能性もあります。

ですから、ルールはひとつ守るだけでもいいのです。できないときには「時期がくればできるかも」と開き直ったり、「このルールは、うちには合わないのかも」と考え直す軌道修正も必要です。そして、ひとつ守れたときには、「私、がんばってる！」「うまくできたわ」と、自分を思いきりほめてください。

気を紛らわせる手段をもっておこう

子どもがぐずったり、かんしゃくを起こしたりしたときは、寄り添っても、やさしく言っても、声を荒らげても「今は何をしてもダメだ～」という状況が多々あります。そんなときは、あきらめてしばらくほうっておいてもいいと思います。

家の中だったら、イライラがエスカレートする前にしばらく別室に移ったり、子どもに背を向け、大声で歌ってみるのもいいでしょう。

どうしても機嫌が直らなければ「お散歩に行こうか?」と提案してみたり、いっしょにおやつを食べたりするのも手です。あえてちがうことをしてみることで気分が変わり、案外すんなりと落ち着くこともあります。

そんなふうに、気を紛らわせるパターンをいくつか用意しておいて、あれこれ試してみると、それだけでも気が楽になるものです。

育児本や雑誌に書いてあった方法が効かなかったからと思いつめることはありません。大切なのは、自分の子どもの手に負えない状況と向き合って、自分とわが子なりのパターンを見つけること。それがわが子をより理解するチャンスになるでしょう。

「どうして私ばかり…」の勘違い

「私ばかりが子育てを引き受けて、私の時間を犠牲にしている」

「こんなに子育てをがんばっているのに、誰もほめてくれない」

そんなふうにやり場のない感情がわき起こり、その思いを夫や子どもにぶつけてしまうことはありませんか？　あるいは言葉にしないまでも、被害妄想に陥ってイライラしてしまうことはありませんか？

勉強も仕事も一生懸命。納得のいく成果をあげてきたお母さんたちは、自分の時間や労力を尽くしても、なんの見返りもないことに不満を募らせてしまうかもしれません。でも、家事や育児は、がんばって報酬を得られる仕事や勉強とは別の次元のこと。そして、家事や育児をする人生を選んだのは、ほかでもないあなただということを忘れないでください。

つらいからといって家族に当たるのはお門違い。自分が具体的に何をつらいと思っているのか、気持ちよくいられるためにはどうしたいのか、書くことが苦でなかったら、正直な気持ちや考えをノートに書き出してみましょう。

頭で考えるとモヤモヤしていたことも、書くことで気持ちが整理され、具体的な対応策も考えやすくなりますよ。

孤独がイライラを増幅させる

長女が赤ちゃんのとき、私は専業主婦でした。夫は夜遅くまで仕事だったので、ほぼ長女とふたりきりの生活。私も、長女が1歳のころ「いつも2人でいることにあきちゃったね」と、話しかけていました。

今のお母さんたちはさらに孤独で、ひとりきりで子育てをしている人が大勢います。核家族化が進み、近所づきあいが希薄になった現代、気づいたら何日も大人と話をしていないということも少なくないようです。

何をどうしても子どもの機嫌が直らない。そんなとき、孤独なお母さんの疲労とイライラがふくらまないはずはありません。そのせいで、たわいのないようなことで子どもを叱りつけてしまうこともあると思います。

周囲に頼る勇気をもとう

そんな孤独を緩和してくれるのが、親しくできるご近所さんや、子どもの祖父母の存在です。ときには子どもをあずかってくれたり、お母さんの愚痴を聞いてくれたり、ちょっとしたひと言で救われることもあるでしょう。

私は親になってまもないころ、長女が泣きやまず、途方にくれながら近所を散歩していたことがありました。すると、2人の男の子を育てたという近所のベテランママが「ちょっと貸してごらんよ」と、長女を抱っこしてくれました。すると、長女はすんなり泣きやんだのです。そのときのほっとした気持ちを今でも思い出します。

もしかすると、ひとりで子育てをしていることへの私の寂しさや不安を、赤ちゃんだった長女は感じとっていたのかもしれません。

人間関係が苦手とか、物騒な世の中で他人が信じられないなど、さまざまな理由があるかもしれませんが、お母さんの孤独を救ってくれるのは、人とのつながりです。頼れそうな人には遠慮せずに頼ってみるのもよいのではないでしょうか。

〝お母さん化〟してきているお父さん

一方、近ごろは〝イクメン〟という言葉が定着し、家事や育児に協力的なお父さんも増えました。孤独のなかで家のことを一手に引き受けてきたお母さんたちには喜ばしいことだと思います。しかし育児に協力するお父さんは、お母さんと同様、どうしても子どもの悪いところに目がいきがちです。

子どもを叱るときには、親のどちらかが子どものシェルターになってください。両親がいっしょになって叱ってしまうと、子どもは逃げ場がなくなり、追いつめられてしまいます。

お母さんが子どものことを叱ったら、お父さんは「こういうこともあるさ」とか「次から気をつけたらいいよ」と、子どもに寄り添ってあげてください。

誰かが受けとめてくれる環境のなかで、子どもはさまざまな感情や考えを自分のなかで巡らせ、消化していくのです。

「叱り」の壁を乗り越えて

現代の育児においては「叱らない子育て」「ほめて育てる」という考え方が主流になり、叱ることに対してネガティブなイメージばかりが広がっているように思います。しかし「叱り」は、子どもにとって見えない壁のようなもの。それを乗り越えながら、逆境に立ち向かう力を身につけていきます。

逆に、その壁がまったくないまま成長してしまうと、もっと大きくなったとき、あるいは社会に出たとき、大きな壁を乗り越えることが難しくなってしまいます。

ただし、壁だらけの生活は息苦しいものです。大人は感情だけでなく、理性をもって子どもと折り合いをつけるように努めたいものですね。

よしっ
IKARI
HIKARI
よっ
SHIKARI
ほっ
バタ
SHIKARI
バタ

ときには理不尽な経験も

あなたが子どものころのことを思い出してみてください。

「お母さんはいつも『早くしなさい！』と言うのに、私が呼んでも『待って』ばっかり！」なんて思ったことはありませんでしたか？

子どもには、〝大人は言うこととやることがちがうなあ〟と感じることがあります。

私も子どものころ、父に対して理不尽に思うことが多々ありました。そのひとつがきょうだいげんかです。

父は自分のきょうだいと仲が悪く、私たち子どもの前でも大げんかをするほどでした。でも、私と妹はけんかをするたびに、父にものすごい剣幕で叱られました。叱られながら私は「自分だってきょうだいげんかしているのに、よく言うわ」と思っていました。

コラッ
足でドアを開けないっ
だって手がふさがってんだもん…
一度置いたらいいでしょ!?
ごはん中はテレビを見ない!!
じーっ
ブチッ
後日
あー忙しっ
よっと
バンッ!
……
あはは
……
ボクにはダメって言ったくせに!!!
……

しかし、一歩世の中に出てみれば理不尽なことだらけ。自分の信じたとおりにものごとが運ぶとか、正しい意見が必ず通るとか、そんなことはなかなかありません。理不尽を受け入れたり、乗り越えられたりできるかどうかは、子どものころに感じた〝理不尽の経験〟も影響しているのです。

ただし多少の理不尽も、普段、子どもと折り合いをつけながら生活している親だからこそできること。つねに子どもにばかり我慢を強いれば、そこにはひずみが生じます。

親がその家庭なりのバランスを考え、ときには自分自身を振り返りながら子育てをしていってほしいと思います。

第2章

どうすれば子どもに伝わるの?

感情的に叱っても、子どもには理解できない。
子どもにどうしてほしいのか、
どう育ってほしいのか、きちんと伝えてみよう。
でも、どうすれば子どもに伝わるの?
あれ? 私、わが子に何を伝えたいの?

伝えるためには、まず考える

わが子にどんなふうに育ってほしいのか、それを考えたことがない親はいないでしょう。しかし、そのために何を伝えていきたいのかと自らに問うと、これが意外とあやふやなんですよね。

教科書どおりの〃いい子育て〃をしたからといって、いい子が育つわけではありません。なぜなら、親も子もひとりひとり違っていて、子育てに正解は存在しないからです。また、あなたの思い描くようないい子に育ったことが、子どもにとって本当に幸せなこととは限りません。

すでに用意された答えにたどり着くのではなく、0から考えること。それを子どもといっしょにやっていくのだというくらいの覚悟が、子育てには必要です。考えながら子どもに伝えていかなくてはなりません。

ですから、一度じっくりと、わが子をどう育てたいのか考えてみましょう。

他人の価値観や自分の期待ではなく、子どもが幸せになるために、あなたは何を大切にしたいですか？

その大切なことを、子どもにどう伝えていきたいですか？

子どもは親を見て育つ

「あんなふうになってほしい」「こんなことができるようになったらいいな」。お母さんは子どもにたくさんのことを期待します。でもその前にいったん立ち止まって、わが身を振り返ってみてください。子どもに求めていることを、お母さんはすべて実行できていますか?

私が幼稚園の園長をしていたとき、「あいさつをしなさい」と子どもを叱るお母さんがいました。でも、そのお母さんのあいさつは相手の顔を見ず、聞こえるか聞こえないかの声でぼそっと「おはようございます」。本人はあいさつをしているつもりでしたが、相手には届いていませんでした。

「人の振り見てわが振り直せ」と言いますが、子どもに何か求めようとしたとき、まずはお母さんが自分自身に同じことを言ってみてください。そして、自分はそれができ（てい）るのかどうか、考えてみてください。

子どもは大好きなお母さんを本当によく見ています。あいさつをする子にしたいなら、まずはお母さん自身が気持ちよくあいさつをしましょう。箸の上げ下げも、姿勢のよしあしも、言葉づかいも、はじめに自分でやってみることです。

「私はちゃんとできているかしら？」

この振り返りが、普段、自分がどのようにふるまっているのか、客観的にとらえるきっかけになります。

子どもの観察力をあなどるべからず

3歳くらいになると、大人の口まねがとても上手になっていて驚くことがあります。どこかで聞いたことがあるセリフだと思ったら、自分の口調にそっくりだった！　ということもあるかもしれません。

子どもが友達と遊んでいるとき「○○しなさい！」「○○はしないよ！」と、やたらと命令口調だったり、「あら」とか「まあ」とか、お母さんの口ぐせをまねていたりするのを見たことがあるのではないでしょうか。

私も自分の孫たちを見ていて気づいたのですが、お兄ちゃんが弟に対して言う「また散らかして！」という小言が、母親（私の娘）にそっくりでした。そしてそれは、私が娘にいつも言っていたセリフだったのです…。

言葉づかいなど生活のなかのしつけは、親の姿を見せる以上の伝え方はありませんよ。

早くかたづけなさいっ!
わあああ
ああ。
あんあ
だから言ったでしょ!!
お姉ちゃんたら…
下の2人の面倒を見てくれるのはいいけど…
きつい言い方するわね…
早くかたづけなさいっっ
だから言ったでしょ!?
はっ
私の言い方か!!

そのしつけは誰の基準？

第1章で、お母さんが子どもを叱りつける原因のひとつに、〝他人の目に気持ちがまどわされていること〟を挙げました。〝いい親と思われたい〟という見栄が、お母さんの理性を奪ってしまうのです。

しつけにも同じことがいえます。ほかの人から見た〝しつけが行き届いた子〟の理想にとらわれるあまり、子どもへの要求が過剰になっていませんか？

お行儀のいい子を見て「静かでおりこうさんね」と思う人もいれば、「子どもらしくない」と感じる人もいます。まわりがどう思っているかではなく、お母さん自身の考えを大切にしましょう。

少し大きくなったら、ルールはときに柔軟に

また第1章では、感情のままにガミガミと叱る場面を減らすために「これは」というルールを決めることについても述べました。子どもが小学生になり、ひとりで行動する時間が多くなるにつれ、生活のなかのルールも増えてきます。たとえば、帰宅時刻や勉強時間、テレビを見たり、ゲームで遊んだりする時間などは、子どもと話し合って双方納得のうえで決めたいものです。

幼少期のルールがどちらかといえば親が子どものリズムや欲求に寄り添うものである一方、小学生以降のルールは大人の都合や常識が反映されがちになります。

ですから「何がなんでも守らせる！」と意固地にならないで、ときには状況に応じて子どもの側に立ち、ことがらによっては「今日ぐらいは、まあいいか」と許容する振り幅があってもいいでしょう。

期待を手ばなしてみる

お母さんが子どもに求める「どう育ってほしいか」が顕著になるのが、子どもの習い事です。習い事をいくつさせたらいいか、一度始めた習い事をどのタイミングでやめさせるべきか、悩むお母さんは多いでしょう。

私の子育ての場合、それはピアノでした。

長女におもちゃのピアノを買ってあげたら楽しそうに弾いて（遊んで）いたので、母親である私は「才能があるかも！」とすっかり舞い上がってしまいました。そして「習うからには本格的にやらせてあげたい」という思いから、音大出身の先生のもとに通わせることにしました。

でも、「才能を伸ばしたい」「好きなことをやらせてあげたい」と、子どものためという気持ちの底には、実は私自身が子どものころにピアノを習いたかった願望もあったのです。

私は、自分ができなかったという思いを子どもに背負わせてしまいました。

ピアノの先生はとても厳しく、ときには長女が全身でレッスンに行くのを拒んだこともありましたが、それでも通わせたのは、ほかならぬ私のためだったのです。

子どもにプラスになるかを考えて

「自分から習いたいと言ったのに、やめる

なんて」という親の言葉もよく聞きます。しかし幼児のうちの「〇〇が習いたい！」は、ほんの思いつきということもよくあることです。

また、がんばって続けている理由が「ママがうれしそうにしているから」ということも少なくありません。小さい時期であればあるほど、「自分で『やる』と言ったのだから続けさせる」と言うには早すぎます。

ですから「やめるなんてワガママ！」などと決めつけず、どうしてやめたいのか理由に耳を傾け、続けているとどんないいことが待っているかも伝えてあげてください。

単純に「イヤならやめさせればいい」というのが正解というわけでもありません。その習い事を続けることで、子どもが生きていくうえでプラスになることは何か、自分は習い事を通して子どもに何を求めているのか、ていねいに考えてみてほしいと思います。

お母さんの今の状況を伝える

私の母はとてもやさしく、我慢強い人でした。ですが、私が5～6歳のころ、ときどき、とても不機嫌なようすで、呼んでもまったく返事をしてくれないことがありました。そのときには理由がわかりませんでしたが、あとで聞くと「口がきけなくなるほど歯が痛かったから」と言うのです。そして、いたずらをした私を叱るときは、大声を出すことこそありませんでしたが、ものも言わずにまっ暗な押し入れに閉じこめたりしました。その淡々としたようすがものすごく恐ろしく、そんな母を私は鬼のように感じたものです。

普段は隠しているけれど、人が見ていないところではツノが生えているに違いない！　そう思うとどうしても鬼になった母を見たくなり、台所に立った母が鬼になっていないかどうか、何度もそっと、のぞいたものです。

お母さんには〝ふたつの顔〟がある

心理学によれば、母性には子どもを包みこむやさしさと、子どもを支配する恐ろしさという二面性があるといわれています。大好きな母に感じた〝鬼〟が、私にとっては母の〝もうひとつの顔〟だったのでしょう。

しかし今思えば、歯が痛くて機嫌が悪いなら「お母さんは歯が痛くて、お話しできないの」と、ひと言いってくれるだけでよかった

のだし、いたずらをした私に「それはいけないことだよ」と言葉で叱ってくれれば、あんなに恐怖を感じずにすんだのに、と思います。

そもそも日本人は説明が苦手？

ひとりでは生きられない小さな子どもは、ことあるごとに心のどこかで「親に嫌われているかもしれない」「親に捨てられてしまうのではないか」と不安に思っています。だからこそ、子どもを叱ったときにはその説明が必要ですし、自分の具合が悪いときや、仕事が忙しい時期などでイライラしているときには、その状況を子どもに伝わるよう、言葉で表すことが大切です（実は、それが一番難しいのだけれど…）。

しかし一般的には、日本人は思ったことを言葉にすることが苦手です。以前、アメリカで暮らしていたころ、アメリカ人は子どもに対しても、「ダメ！」の理由をとことん説明していると感じました。

国民性や文化の違いもあるので、それがいいとは一概には言えませんが、せめて、小さな子どもに苦しい思いや、こわい思いをさせたままにしないためにも、厳しく叱ったあとには「あなたを嫌いなわけではない」ということを伝えてあげてください。

そうすれば、たとえ厳しくても、「お母さんはこっそりツノを生やす鬼なんだ…」などと子どもが恐ろしく思うこともなくなるのではないかと思います。

なぜ困るのかを教える

大人はとかく、「小さな子に何を言ったってわからないだろう」と思いがちです。だから子どもが悪さをしたとき、「ダメ！」「怒るよ！」という威圧的なひと言で叱りつけてしまい、その説明をする努力をおこたってしまうのでしょう。そして子どもが同じ間違いをすると「いつも言ってるでしょ！」「どうして同じこと言わせるの！」と雷を落としてしまう。

このような一方的な叱り方は、どうにも理不尽だと思いませんか？

何度も同じことをするのはどうしていけないのか、あなたがきちんと子どもに伝えていないからにほかなりません。

何事も具体的に、繰り返して

まずは、子どもに一方的に「ダメ！」と言うのを減らすため、先に予定を伝えておきましょう。たとえば、混雑しているところに出かける前には、「人がたくさんいるところに行くよ。走ると迷子になったり、ぶつかってケガをしたりするかもしれないから、お母さんと手をつないで歩こう」。スーパーへ買い物に行く前なら、「お夕飯の買い物の分しかお金を持っていかないから、今日はお菓子は買わないよ」などと、事前に話します。これで、危ない行動をとったり、何か欲しいとダダをこねることがゼロになるわけではありませんが、繰り返していくことで、きっと減らすことはできます。

もし公園で、他の子が使っている遊び道具を取ってしまったら、「お友達が使っているものは使い終わるまで待とうね」「『貸して』と聞いてみようか」と、友達とのかかわり方を、そのつど、具体的に教えてあげればいいのです。

さっスーパーに
買い物行くわよー
わーい!!
はっ
前回スーパーにて。
ごくり
おかしかってえええ
晩ごはんを買う
お金しかないから
今日はお菓子は
買えないからね!
わかった
!?
今日はおとなしかったなー
いい子いい子!!
ズーン
うちはおかしもかえないほどおかねがないのか…

脅しで言うことを聞かせるには、限界がある

小さな子どもに「ダメ！」「いいかげんにしなさい！」など、威圧的に抑制しようとするのも、よくないことの理由をいちいち言うのが面倒くさいから、というのが正直なところではないでしょうか。しかし、それで子どもが言うことを聞くのは、ほんの短いあいだです。

やがて子どもは成長し、思春期を迎えます。自分の意思がはっきりし、からだも大きくなります。もう「ダメよ」「やめなさい」で言うことを聞いてくれることはありません。そして、言葉で説明することを身をもって教えられていない子どもは、大きくなっても自分の思いを言葉にする術を持っていないことも多いのです。

成長してから親と意見が対立したとき、今度はからだが大きくなった子どもが威圧してくることも、あるかもしれません。

子どもの気持ちを代弁する

子どもがいけないことをしたとき、子どもの気持ちを代弁しながら説明するのが必要なこともあります。

私の孫は男子2人きょうだいなのですが、弟が兄をかんでしまうことがよくありました。以前、兄が公園でたくさん集めた葉っぱを弟が欲しがったことがあり、葉っぱをまったく分けようとしない兄の腕を、弟がガブリ！

このようなとき私は、どちらが悪いかを判定するのではなく、兄のものが欲しい弟の気持ちと、あげたくない兄の気持ちを代弁するように努めています。そのうえで、双方のいけないところを具体的に伝えるのです。すると子どもたちは、自分の気持ちをわかってくれる大人がいると感じることで、安心し、多少冷静になれるようです。

子どもの主体性をはぐくむために

腹を立ててガミガミ叱ることがあっても、いつだって子ども優先で、つねに子どもを思っているのがお母さん。子どもの問題を自分のことのようにとらえるあまり、子どもがイヤな思いをしないように、まちがいをしないようにと、先回りして助けてしまうことがあります。赤ちゃんのうちは、四六時中お母さんといっしょにいるのが当然で、生きるためには大人の助けが１００％必要です。

しかし３〜４歳になると、いつのまにか、着替えや食事など、身のまわりのいろいろなことが自分でできるようになり、子どもが少しずつ自立へ向かっていることに気づいてきます。

そのころになってもお母さんがなんでも先回りするのは、一見、子どもを助けているようで、実は自立への妨げになっていることも少なくありません。

子どもは、自らの失敗の体験から学ぶこともたくさんあります。しかし、つねにお母さんが「もう○○しないとまにあわないよ」「その服より、こっちを着ていきなさい」と、子どもが困らないように、イヤな思いをしないようにと気をくばっていると、失敗したことを受け入れられず、他人のせいにしたり、主体的に行動できなかったり、ということが起こる可能性があります。

コントロールではなくアドバイスを

母子は一体ではなく、〝子どもは別の人格をもった一個人〟だということを意識しましょう。それは決して子どもに無関心になることではありません。

子どもが失敗したときには、同じことを繰り返さないようにコントロールするのではなく、アドバイスをしてあげてほしいのです。「遅刻しないためにはどうする？」「こういうときは、どんな洋服がいいと思う？」と、子どもが考えるきっかけを作ってあげましょう。

子どもはいつかお母さんの元を離れ、巣立っていきます。その後の生きる力とは、どれだけ失敗して、それをどう乗り越えてきたかにかかっているといっても過言ではありません。

子どもがした失敗は、お母さんの失敗ではないのです。そんな客観的な目で子どもを見守りたいものです。

まずは、子どもの言動を楽しもう！

子どもを「叱る」だけから、子どもに「伝える」子育てにステップアップするために大切なのは、自分の子どもと向き合い、よく考えることです。しかし突然「向き合う」「考える」と言われても、とまどうお母さんも多いでしょう。そんなときは、子どもの言動をおもしろがる目をもっと、考えるきっかけやヒントになります。

小さな子ども、特に早い時期から保育園に通っている子どもの中には、年上の子と接することで、とても早い時期から自分なりに言葉をユニークに扱うようになることもあります。リズムのある言葉を好んだり、かわいい言いまちがいがあったり…。思わずくすりと笑ってしまったら、それをちょっと書きとめておきましょう。

　ときには、お母さんが顔をしかめるような下品な言葉を言うこともあるでしょう。親にとって都合の悪いようなことを指摘してくるかもしれません。実際の意味は知らないはずなのに、なぜかぴったりの状況で使ってくるときもあり、お母さんはたまらず叱ってしまうこともあるでしょう。でも、それも子どもの成長です。自分の家以外の世界で、異なる文化にふれている証拠なのです。

おもしろかったことをメモしておく

保育園や幼稚園でも、先生たちはよく子どものつぶやきを拾ってメモしています。これをすることで「何を言ってるの!?」と、子どもにカッとなっていた感情を「へえ、こんなこと言うんだ」とか、「ふうむ、そうきたか」という気づきへと変えていくことができます。つまり、子どもひとりひとりを客観的に見て、理解することにつながっていくのです。

メモするときのポイントは？

書きとめるのは、子どもが発したひと言や、出来事だけにとどめます。ポイントは、子どものよい行いを拾おうとせず、あくまでも「おもしろい」「なるほど！」「へえ！」などの発見に着眼すること。なぜなら、「よい」を基準にすると、そこには親の「こうあるべき」という意識が反映されてしまい、〝記録〟ではなく〝評価〟になってしまうからです。

用意するものは、小さな付箋紙とそれを貼るノート。はじめからノートに記載していこうと思うとおっくうになってしまうので、付箋紙を家のリビングや寝室、外出するときに持っていくバッグの中などに忍ばせておきましょう。そして、「おもしろい！」と感じたらすかさず付箋紙にメモし、寝る前など時間のあると

プリケツケーッ!!
いいね!!
いただき!!
注 女の子です

きに、ノートに貼りつけていきましょう。一日の最後に読み返してみて、親が感想をつけ加えてもいいと思います。

これは、子どもを教育するためのものでも、子どもを変えるためのものでもありません。あなたの子どもを見る目を変えるためのツールなのです。

子どもが、もうちょっと大きくなってから、この記録を見れば、きっとお母さんの温かいまなざしが自分に注がれていたということに気づくでしょう。そしてきっと、子どもが壁に直面したときの大きな救いにもなることでしょう。

ほめる＝評価、認める＝受容

私は、わが子をほめようと意識したり、ほめる努力をした記憶はありません。それは無意識に、自分の価値観を押しつけない伝え方をしようと、心がけてきた結果でもあります（実際には、うまくできないときも多々ありましたが…）。前項で、「よいこと」を探せば評価になってしまう、と書きました。つまり、ほめればほめるほど、評価を下していることにもなるのです。

大事なのは、子ども自身が経験すること

第1章でも触れましたが、ものごとのよしあしという社会の規範は、子ど

もが身をもって体験し、勝ち取っていくものです。そういう意味では「それはダメ！」と叱るのも、「いい子ね」「すごいわ」とほめるのも、大人の価値基準を押しつけているという点では同じことです。また、ほめられること自体がモチベーションになってしまうおそれもあります。

子どもの自主性をはぐくむのに必要なのは、いいことをした結果に対して「すごい」とほめるのではなく、子どもが努力して得た経験を「がんばったね」と認めることです。

叱るときにもほめるときにも、子どものしたこと（経験）に対して、寄り添い、あなたの悲しみや喜びを伝えるように心がけてみましょう。

COLUMN

知っているだけで心のゆとりは大違い

1~5歳の心の発達

＊各月齢の発達内容はあくまでも目安です。成長スピードは子どもによって異なります。

1歳

怒ったり照れたり甘えてきたり、感情表現が豊かになる。自我が出はじめる。自分と他者のものの区別がつくようになり、自分のものに執着心が生まれ、他者と物の取りあいが増える。感情や気持ちをまだ上手に言葉に置きかえられないため、大人がする代弁の積み重ねにより、気持ちを理解する土台がつくられていく。

2歳

欲しいものを強く求めたり、イヤイヤ期とたとえられるように「イヤ!」「いらない!」「自分の!」などの意思表示をはっきり出すようになる。「もっと○○したい」という意識はこれからの成長の糧となる。大人には反抗とも感じられるが、本人にそういう気持ちはない。この時期の〝イヤイヤ〟が自立心をはぐくむ。他者に見られたり、注目されることを意識しはじめる。

3歳

理由や言い訳を言えるようになる。相手の気持ちを少しずつイメージできるようになってくる。大人の手伝いをしたがる一方、自分でできることに対するサポートを拒むことも多い。時間の観念ができはじめ、明日がくることや物事の予測がつくようになってくる。

4歳

自分より年下の子の面倒をみるようになる。自分を励ましたり自制する心により、少しずつ我慢や他者との協力ができるようになる。自分の好みをはっきり言うようになる。〝よくないこと〟の道理がわかってくるようになる。理解して順番を待てるようになるが、長い時間はまだ待てない。

5歳

「一番」という言葉に関心を持ちはじめる。経験をもとに、どんなことがもっとも楽しかったか、悲しかったかなど答えられるようになる。自分のしたことやがんばったことを伝え、ほめてもらいたい気持ちが生まれる。集団行動では協調性がもてるようになってくる。ウソや悪口を言ったり、好き嫌いで仲間はずれをすることもある。

第3章

この口ぐせ、大丈夫？

むやみに叱るだけでは子どもには伝わらない。
伝えるためには自分と向き合うこと。
大切なことはわかったけれど、実践となると難しい。
思わず子どもに言っちゃうフレーズを、
子どもに伝わるようにするにはどうしたらいいの？

大切なのは、子どもの立場に立つこと

子育てをしていると、子どもにいつもネガティブな言葉をかけているように感じます。

「早くして！」「うるさい！」「ダメでしょ！」

このようなフレーズは、小さな子どもと生活していたら、言うなというほうが無理というもの。子どもにはポジティブな言葉をかけたいという気持ちは大事だけれど、ムカムカしているお母さんが無理して感情を押し殺し、「お母さん、〇〇してくれたらうれしいな」と、口先だけで「うれしい」「楽しい」「幸せ」を唱えても、子どもは本当の気持ちを見抜きます。そして「お母さん、本当はイライラしているのに、どうして笑っているのかな？」と、子どもが混乱することにもなりかねます。まず、子どもに伝えるために必要なのは、わかりやすくあることです。お母さんが気持ちと裏腹なことを口にするのは、それに反しています。「ダメ！」も「すごい」も、お母さんが本気で思って口に出てしまったなら、それはそれでいいのです。そのようなことで子どもの自己肯定感がなくなることはありません。

言葉をどう操るかに腐心するよりも、今を真剣に生きる子どもたちが、何を考え、何を感じているのか、それをつかまえるアンテナを張っておけば、子どもにかける言葉も変わっていきます。

大切なのは、お母さんたちの口ぐせをどう言いかえるかではなく、子どもの立場になって考えることなのです。

大人も子どもも不完全な存在です。ときには子どものわがままを聞いたり、親の都合に合わせてもらったりして、お互いに折り合いをつけながら暮らしていることへの理解が大事なのだと思います。

ほとんどくせになってない？

「早く！」

毎日忙しいお母さん。何をするにものんびりに見える子どもを、「早く、早く」とせかしてしまうのはしかたのないことかもしれません。しかし子どもは時計が刻む時間ではなく、子どもなりのリズムのなかで生きています。お腹が空いたらご飯を食べ、たくさん遊んで眠くなる、その繰り返しです。食事に時間のかかる子どもを、親は「早く食べて！」とせかしますが、その前に、おやつの量が多すぎたり、おやつの時間が遅すぎないか、夕飯の時間が適切かなど、見直してみましょう。

子どもをせかすシチュエーションをつくっているのは、実は大人であることがほとんど。

変わらなくてはならないのは、実は親のほうなのです。

子どもに「予告」をしてみよう

大人は「小さい子どもに説明してもわからないだろう」という先入観をもっていることが多くあります。「早く!」を連発している家庭では、大人だけが予定を把握していて、子どもにそれを告げずに行動していることが少なくありません。いつもの生活リズムと違う用事が入ったら、「今日は、朝ごはんのかたづけが終わったら買い物に行くよ」などと、あらかじめ子どもに予定を伝えておきましょう。それだけでも子どもなりに心づもりができ、「さあ、買い物に行く支度をしようか」のひと言で外出の支度がスムーズに進むこともあるのです。

また、子どもの行動は大人より時間がかかるもの。大人が行動するよりも15分程度前倒しにした予定を組んでおくと、イライラすることも少なくなるでしょう。

理由を伝えるひと手間を「ダメ！」

子どもに「ダメ！」と言ってもいいのです。大切なのは「ダメ！」に、それぞれの家庭なりの基準を設けること。常識にとらわれすぎたり、他の家庭の基準に合わせるのではなく、「よそはよそ。うちはうち」という意識をもつことが大切です。夫婦で話し合うのもいいでしょう。それをきっかけに、子育てにおいて自分たちが何を大事にしているかが見えてきます。

そして、できるだけ「ダメ」の理由となった家庭の基準や、お父さん、お母さんの価値観を言葉にして、ていねいに子どもに伝えてあげてください。

本当に「ダメ」かどうかを考えて

危険なことや周囲に著しく迷惑をかけることをしたら、有無を言わさず、瞬時にやめさせなくてはなりません。しかし、気をつけなくてはならないのは、大人が「ダメ」な状況をつくっている場合です。

たとえば、小さな子が小銭やネジを口に入れてしまったり、浴槽に落ちてしまったりするのは大人の責任。子どもの手の届くところに危ないものは置かない、浴室の扉はきちんと閉める、という予防策が必要になります。

また、泥だらけになって遊んだり、ちょっとした段差につまずいて転んだりするのは、むしろ必要な経験です。「汚れるからダメ」「危ないからダメ」と大人の価値観ですべて取り除いてしまうと、子どもの発達のうえでも大切な経験ができません。いつも「ダメ」ばかり言ってしまうと感じたら、「これは本当にダメなこと?」「どうしてダメなの?」と、まずは自分に問うことを忘れないでください。

実は言わなくてもいいフレーズ？

「かたづけなさい！」

子どもには、つい「○○しなさい！」という命令形を使ってしまいますよね。なかでもお母さんたちがよく使うフレーズが「かたづけなさい！」ではないでしょうか。

2歳のころには、お母さんが上手にサポートすれば素直にかたづけていたのに、3～4歳になるとかたづけを面倒くさがってやらなくなることもあります。「今までできていたのに…」と心配になりますが、実は面倒なこと、やりたくないことを「サボる」のも発達のうち。お母さんに誘われるおかたづけよりも、もっと楽しい遊びを見つけた証拠なのです。

つい「○○しなさい！」と言ってしまうと

きには視点を変えてみましょう。きっと、大人の工夫や歩み寄りで解決できることがたくさんあります。

まずは生活空間の見直しを

もちろん、かたづけをサボりっぱなしでいいというわけではありません。ただし、やみくもに「かたづけなさい！」を繰り返す前に、確認してほしいことがあります。子どもが自分でかたづけやすい環境になっていますか？　おもちゃをすべていっしょに、箱にどさっと入れていませんか？

保育園や幼稚園では、ままごと用のおもちゃを入れる箱に、そこにしまうべき鍋やお皿の写真や絵を貼っておいたり、子どもがかたづけやすいように置き場所や収納方法を見直したりと、さまざまな工夫をしています。あらためて、ご自宅のかたづけ環境を子ども目線で見直し、置き場所を工夫するなどしてみましょう。

何度言ってもわかりません

「何回言ったらわかるの！」

同じことを何度も繰り返し言うには、相当の気力が必要です。お母さんたちがつい言ってしまう「何回言ったらわかるの！」というフレーズにも、かなりの力が入っていることでしょう。しかし残念ながら、小さな子どもには、何度か説明した程度でできるようになるとは期待しないほうがいいでしょう。

それがわかっているのについ言ってしまうというお母さんは、このフレーズを使うとき、決まって体調や機嫌が悪いということはありませんか？　または仕事で疲れていたり、夫の言動に傷ついていたりして、子どもに八つ当たりをしているのかもしれません。

まずは、あなた自身のイライラの原因を突き止めましょう。それができれば「何回言ったらわかるの！」を言う回数が、だいぶ減るはずですよ。

大人の知恵の見せどころ！

何度言っても、きつく叱っても、子どもが同じことをするなら、その理由を考えてみてください。それはもしかしたら、その子にとって非常に魅力的なことなのかもしれません。壁や床に落書きをするなら水ぶきで落ちるクレヨンを用意するとか、水道の水を出しっぱなしにして遊ぶならジョウロを使って水遊びをさせてあげるとか、大人が機転を利かせれば一件落着ということもあるでしょう。

また、何度も言うことで、効果が薄れてしまう場合もあります。たとえば「危ない！」はあまり頻繁に使うと、本当に危ないときに子どもが本気にしないことも。状況に合わせた伝え方や、言葉の強弱を意識しましょう。

説明できたら苦労しない

「どうしてそんなことするの?」

少し大きくなってからの指しゃぶりや、おねしょ、頻繁な咳払いや首振りに見られるチック症などのように、治らない子どものくせは気になりますよね。大人はイライラして「どうして○○するの?」と、詰問調に叱ってしまったり、思わずたたいてしまったりすることもあるかもしれません。

しかし、「どうして?」と聞かれて理由を説明できるほど、子どもの言語能力はまだ発達していません。そもそも子ども自身も、どうしてやってしまうのかわからないのです。

私自身、小さいころに、破れた布団の穴から綿を少しずつつまんでは引き抜くというく

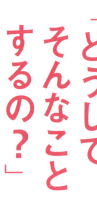

せがありました。それをするたびに、イライラした母に押し入れに閉じこめられたりしましたが、なぜか当時はいっこうに治りませんでした。

腹を決めて気長に待とう

「愛情がたりないんじゃないか」「お母さんが働いているせいじゃないか」などと批判されることを気にして、子どものくせをやめさせようと躍起になるお母さんもいるでしょう。親の不安や心配は子どもに伝わりやすいもの。「どうして○○するの?」と子どもに詰問したり、禁止したりすればするほど長引くものです。

対応策は「気にしないようにすること」。放っておけば、半年から1年ぐらいでおさまることがありますし、環境が変わるなど何かの拍子にピタリとやむこともあります。たとえ続いたとしても「日常生活に大きな支障はないし」というくらいのおおらかさで、まずは見守ってあげましょう。

子どもは傷ついています

「あなたはなんて○○なの！」

これもお母さんが子どもに思わず言ってしまうフレーズのひとつです。しかし、これまであげたフレーズは、ある程度「言ってしまいがち」というものだったのに対し、これは言ってほしくないフレーズです。

○○に入りがちなのは、たとえば「ワガママ」「乱暴」「うそつき」「だらしがない」「バカ」などのネガティブな言葉です。冷静に考えればわかることですが、このフレーズ、大人相手にはなかなか言えませんよね。こうした言葉は、その人の人格そのものを否定することになり、相手をひどく傷つけてしまう強い力をもっています。ましてや、子どもが大好きなお父さん、お母さんに言われれば、深く傷つくことは言わずもがなです。

必ずほかの言い方がある

たとえば、わが子がお友達をたたいたりかんだりしたとき、「なんて乱暴な子なの！」ではなく、「たたくのはよくないよ」。おもちゃを奪ってしまったときには「なんてワガママなの！」のかわりに「貸してって言おうね」。何度も同じことを繰り返すときの「バカなんじゃないの！」は封印し、「もう○回言ったよ」。子どもの人格は否定せず、よくなかった行動だけを注意しましょう。

ネガティブだったり攻撃的な言葉を使わずに叱ったり諭したりする方法は必ずあります。「あなたはなんて…」と言いそうになったら、まずは深呼吸。そして「罪を憎んで人を憎まず」とつぶやいてみましょう。「罪という行為を憎んでも、それをおかした人を憎まない」という孔子の教えです。

結局、困るのは自分です

「お母さんは知らないよ！」

子どもに何を言ってもダメなとき、イライラもピークを超えて「もう知らないよ！」「勝手にしなさい！」と叫んでしまうこと、ありませんか？

これは子どもにとって、究極の〝脅し文句〟です。それまで頑として言うことを聞かなかった子どもも、このフレーズにはショックで大泣きしたり、「ごめんなさい」とすがりついてきたりするでしょう。要注意なのは、続いて「うちの子じゃない！」「出ていけ！」と、脅しがエスカレートしがちなことです。

厳しい言い方かもしれませんが、ひとりでは生きていけず、家族以外に行き場のない小さな子どもを脅すのは、ひきょうなことです。思わず言ってしまう気持ちもわかりますが、封印したいフレーズです。

本当に勝手にされたらどうする？

「もう知らないよ！」「勝手にしなさい！」と言うけれど、本当に子どもが勝手にしだしたらどうしますか？　あるいは、「出ていけ！」と言われた子どもが本当に出ていってしまったら？

思春期になったら、脅しで言うことを聞かせることはできません。実際、子どもに勝手なことをされて困るのは親のほうなのです。あるいは反対に、「勝手にするぞ！」と子どもに脅される日がくるかもしれません。

小さな子どもについ脅しフレーズを言ってしまうお母さんは、そのことを頭の隅に置いておいてほしいと思います。

子どもに「早く！」と言うかわりに「ちょっと待って」

子どもと暮らす日常のなかで、「ちょっと待って」と言わなくてはならない場面があるのは当然のことです。子どもに呼ばれるたびに手を止めて相手をしていたら、一日何時間あってもたりないと思うお母さんがほとんどでしょう。でも、ちょっと振り返ってみてください。お母さんは子どもを「早くしなさい」とせかします。ほんの数秒後に「ほら、早く！」。さらに数分後には「いつまで待たせるの！」ということはありませんか？

一方、お母さんの子どもに対する「ちょっと待って」の〝ちょっと〟はずいぶん長いように思います。調理中で火を使っているような場面ではしかたありませんが、ママ友との立ち話や携帯電話をいじっているのであれば、いったん中断し、子どもの目を見て話を聞いてあげるべきでしょう。

やり方を教えて成長につなげる

子どもが小さければ小さいほど、呼びかけにはこたえてあげたほうがいいのですが、3歳ぐらいになると自分でできることが増えてきます。たとえば「ママ、お水」と言われたら、その場で水のくみ方を教えてあげると、子どもは自分でできるようになります。また、目の前のことに一生懸命の子どもは、ずっと覚えて待っていることができません。待たせたあげく、子どものところに行ったら「なんのこと?」というようなこともよくあるのではないでしょうか。

子どもに呼ばれたら、少し面倒でも時間をとってあげましょう。それはこの時期限定のふれあいになり、子どもの自立につながるチャンスにもなります。

責任転嫁を自覚しよう

「○○に怒られるよ！」

お店で商品をいじる子どもに「ほら、店員さんが見てるよ！」とか、駅のホームで騒ぐ子どもに「あそこにいる怖いおじさんに怒られるよ！」。これは無意識に、叱る責任を誰かに転嫁していることになります。では、もし店員さんが見ていなかったら？　駅のホームに怖そうなおじさんがいなかったら？　お母さんたちはなんと説明するのでしょうか。

子どもがいけないことをしたとき、そのいけない理由は「○○に怒られるから」ではありません。その行為によって、誰に、どんな迷惑が生じるのかという他者への配慮や、お母さん自身がどうしていけないと思うのかを、子どもにきちんと伝えてください。「○○に怒られるよ」は、ものごとの本質を伝えるチャンスを逃していることにもなるのです。

伝えるべきは自分自身の規範

そうはいっても「自分の規範や価値を伝えたところで、すぐに言うことを聞くわけではないし、公共の場では人の目もあるから大声で怒鳴りつけるわけにもいかないし…」というお母さんたちの声も聞こえてきそうですね。でもそれは、思いこみかもしれません。しっかり子どもの目を見て「お店のものは売りものだから勝手に触ってはいけないよ」「お母さんは、ホームで騒ぐとほかの人の迷惑になると思う」と強く伝えてみてください。お母さんの本気を察知して、意外とすんなり解決することもあります。しかしどうしてもダメなときは、子どもを抱き上げ、大泣きされても家に帰るという最終手段も覚悟しておきましょう。

隣の芝生は青く見える

「○○ちゃんはできるのに！」

子育て中のお母さんは、いつもあせっています。わが子と同い年のいとこが先に寝返りをした、近所の子どもが1歳でおしゃべりを始めた、保育園の○○くんはもうオムツが外れたらしい、お友達のほとんどは時計が読める…。そのあとに続くのは、「なのにどうしてうちの子はできないの？」。

そもそも人間はひとりひとり違いますから、よその子どもとわが子を比較しても何の意味もありません。お母さん自身を振り返ってみれば、料理は得意だけど整理整頓は苦手とか、スポーツよりも本を読むほうが好きとか、得手不得手がありますよね。「できない」

のではなく「違う」だけなのです。違うことに腹を立ててもしかたがありません。

できることに注目しよう

お母さんが「できない」と気にしたことだけが子どものすべてではありません。よ〜く子どもを見ていれば、時計は読めないけれど本を読むことが好きだったり、まだかたづけられないけれど遊具を使う順番はきちんと守ることができていたりと、できないことと同じくらい、できることが多いことに気づくでしょう。

しかし、どうしても比べてしまうようなら、よその子ではなく、少し前のわが子を思い出してみましょう。つい数ヵ月前までは泣き虫で手がかかったのに、今では進んで幼稚園のバスに乗るようになった、なんてこともあるのでは？

子どもはつねにたくましく成長しているのです。さまざまな側面から子どもを見てあげることを忘れないでください。

むやみに使うと逆効果
「すごい！」

「すごい！」は、とても便利な言葉です。赤ちゃんのうちは、寝返りをして、はいはいをして、立って、歩いて…。そのたびにお母さんは「わあ、すごい！」を連発するでしょう。それはお母さんの素直な喜びです。しかし、子どもが言葉の意味を理解するようになってからも「すごい！」が常套句のままでは、逆効果になることもあります。

ほめて育てるのがいいといわれることがありますが、ほめるとは、すなわち評価を下すこと。安易にほめてばかりいると、子どもは何をするにも他人の評価を気にしたり、評価を下されるのを恐れて自主的に挑戦しなくなったりすることも起こりうるのです。
単にほめるだけでは、自己を肯定する気持ちは育ちません。

何が「すごい」のかを探す努力を

では、子どもをほめるにはどうすればいいのでしょうか。まずは、「すごい」だけでかたづけるのは大人の怠慢だと気づいてほしいと思います。そして、子どもの行いがなぜすごいのか、どうしてすごいと思ったのかをていねいに描写する努力をしましょう。たとえば、字が上手に書けていたら「一生懸命練習したんだね！」「この〝あ〟の字、難しいのにとてもきれいに書けているね」、子どもが絵を得意げに見せてくれたら「この色の使い方、とてもすてきだね。お母さんには思いつかないなあ」など、子どもの行いの何がよかったのかをできるだけ具体的に述べてあげるのです。こうしたことが、子どもの自信につながります。

プレッシャーになっているかも？

「いい子ね」

親が子どもを「いい子」とほめるのは、そもそも的外れではないでしょうか。

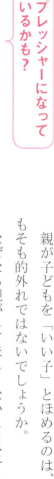

なぜなら親がしてほしくないことをするのが子どもであり、そしてそれが成長の証でもあるからです。お母さんが「あなたはいい子ね」と言うのは、お母さんにとってのいい子でいてほしいという願望だということはありませんか？　子どもはときに、本当はいい子ではない自分とのギャップに苦しみ、そのストレスから逃れるために問題行動に走ることもあります。

また、「あなたはいい子ね」というフレーズによって、「いい子でいなければ」という緊張を子どもに強いている場合もあります。「いい子でいなければダメなんだ」と追いこまれているとしたら、子どもが気の毒です。

子どもが望むのは、認められること

子どもが望んでいるのは、「いい子」という漠然とした評価ではなく、努力を認めてもらうことや、成し遂げたことへの親の感想や感謝の気持ちです。

おもちゃのかたづけが自分でできたら、「がんばっておかたづけしたんだね。きれいになって気持ちがいいね」。子どもがお手伝いをしてくれたら、「お米をといでくれてありがとう」「○○ちゃんがといでくれたご飯、とってもおいしいね」。

子どもが何かを達成したときにわいた満足感に、共感しましょう。そして、かたづけもお手伝いもしたくないこともある子どもの気持ちも、同時に理解して受け入れてあげることが大切です。

子育てあるある絵本

子育て中の親子の気持ちに寄り添う絵本をご紹介！
子どもに読んであげたり、ママの息抜き本にしたり。
絵本を通じて子育てや子どもの世界を味わってください。
＊「　」は入江先生のコメントです。

子どものあるある行動編

子どものパワーに鬼も降参！
『ソメコとオニ』
斎藤隆介／作　滝平二郎／絵
1200円＋税　岩崎書店

村の忙しい大人たちから相手にされず、ひとりで遊ぶソメコの前に現れたのは、人さらいの鬼。しばらくしてから、ソメコを探す親に届いた一通の手紙には、鬼の悲痛の訴えが。

「子どものパワーと、投げ出したくなっても投げ出せない親の気持ちが、鬼を通じてみごとに描かれています」

どうしたら眠ってくれるの！？
『ねむれないの？ ちいくまくん』
M・ワッデル／文 B・ファース／絵　角野栄子／訳
1300円＋税　評論社

ある晩、ゆっくり本を読もうとするおおくまさんを暗闇が怖くて眠れない、と何度も呼ぶちいくまくん。とうとう、おおくまさんは本を置き、ちいくまくんを抱っこして暗闇のほうに向かいます。

「ちいくまくんにつきあう覚悟を決めたおおくまさんのように、子育ては“腹をくくる”積み重ねかも」

このひと言につまった我慢

『ちょっとだけ』

瀧村有子／作　鈴木永子／絵　800円＋税　福音館書店

お姉ちゃんになって、がらりと変わったなっちゃんの生活。ママは忙しいから、自分のことは自分でがんばります。だけど、お昼寝のときはママに抱っこしてほしくて…。

「子どもは本当に周りをよく見て考えています。なっちゃんの気持ちを理解したうえで、新たな提案をして包みこむママがすてき」

いろんな子がいるからおもしろい

『とんとん　とめてくださいな』

小出 淡／文　小出保子／絵　900円＋税　福音館書店

森で迷子になった３匹のねずみは、一軒の家を見つけます。でも、家の主は不在のようす。その後も道に迷った動物が続々と訪れますが…。

「怖がる子や観察する子、誰かのうしろに隠れる子など、動物たちのさまざまな個性が、わが子や身近な子どもたちに重ねられます。赤い帽子のねずみにご注目!」

前に進むために…

『テスの木』

ジェス・M・ブロウヤー／文　ピーター・H・レイノルズ／絵
なかがわちひろ／訳　1380円＋税　主婦の友社

家の庭に立つ古い木が大好きなテス。でも、台風でボロボロになった「テスの木」は切られることに。

「木のお葬式をすることで“気持ちに区切りをつけて前に進む”ことや、世代がつながっている喜び、“ひとりじゃない”というメッセージが、周囲の大人を感じながら生きる子どもの目線で表現されています」

やっぱりわが子は愛しい編

子どもを守る本能

『きつねのおきゃくさま』

あまんきみこ／文　二俣英五郎／絵　1200円＋税　サンリード

やせたひよことあひる、うさぎも太らせて食べようと思いついたはらぺこきつね。だけど「親切なお兄ちゃん」と慕われるうち、はらぺこきつねに愛情が芽生え…。

「はらぺこきつねを無垢に信頼するひよこたちと、いざというときにみんなを守りきるはらぺこきつねが、親と子の姿に重ねられます」

子どもと大人の向き合い方

『おまえ うまそうだな』

宮西達也／作・絵　1200円＋税　ポプラ社

お父さんとかんちがいされたティラノサウルスは、アンキロサウルスの赤ちゃんと生活するうちに父性が芽生えます。

「疑わずに自分を信頼してくる子どもを前にすると、彼らを裏切れない気持ちと、自分（親）の欲や罪悪感に胸が苦しくなることがあります」

マイペースに行こう！

『ぼちぼちいこか』

マイク・セイラー／作　ロバート・グロスマン／絵　今江祥智／訳
1200円＋税　偕成社

いろいろな職業に挑戦するかばくんですが、どれも失敗。でも、まったく気にせず自分らしく進むかばくんはたのもしい！

「タイトルどおり、子育ても仕事も自分らしく、今のままでいいんだよ、ゆっくりでいいんだよと、かばくんが教えてくれているよう。心がリセットされます」

第4章

子育ての最終目標は？

子どもには、自立して 幸せな大人になってほしい。
親にできることって、そのための手助けをしながら
見守っていくことなのかもしれない。
子育てに正解はないけれど、
「伝える子育て」を心がけながら
子どもといっしょに成長していけたらいいな。

子どもって大変です

どんな大人も昔は子どもでした。

あたりまえのことですが、大人になると子どもの心は見えにくくなってしまいます。あなたが子どもだったころ、おなかが痛くなるほど深刻に悩んでいるのに、大人に笑い飛ばされた経験はありませんか？　あるいは「そんなことで悩むなんて」と、諭されたことは？

私が小学生のころのことです。私の後

ろの席には、クラスで一番からだの大きな男の子が座っていました。授業が始まると、その子が私の椅子を足でぐいぐい押してくるのです。特に習字の時間に押されるのがとてもイヤで、母や先生に何度も「席をかえてほしい」とお願いしました。でもそのたびに「悪気はないのよ」「あなたのことが好きなのかもね」と言って、取り合ってくれませんでした。私はイヤでたまらず、学校を3日休みました。

大人になってみればたわいもない、小学生にありがちでかわいらしいエピソードです。でも、当時の私にとっては本当につらい出来事でした。せめて、母や先生が「それはイヤだよね」と共感してくれたら、その男の子にひと言「やめようね」と言ってくれたら、少しはラクになれたのかも、と思います。

みなさんも、今思えばささいなことだけれど「どうせ大人はわかってくれない」と落胆したことはありませんか？　きっと、一度や二度ではないでしょう。

子どものことがわからない、と思ったら

そんなあなたも大人になって、子どもの訴えに真剣に耳を傾けなくなっていませんか？　だまっていうことを聞く子どもを見て、満足してはいませんか？

子どもがだまっているのは、あなたの言うことに納得したからではなく、ただ自分の思いを言葉にする力がないだけかもしれません。または、あなたに嫌われたくなくて、じっと我慢して人知れず悩み、苦しんでいるのかもしれません。

もちろん、いつでも子どもの言うなりになろうというのではありません。ただ、子どもは子どもであるというだけで、我慢を強いられていることや、理不尽をのみこんでいるかもしれないことを知っておいてほしいのです。

子どもが何を考えているのかわからない、と感じたら、あなたが子どもだっ

たところのことを思い返してみてください。

愛があればすべてOK？

「どんなあなたでも大好きよ。悪いところもいいところも愛しているわ」

このような気持ちがあればすべては許されるし、どんな育て方をしたって最終的に愛が伝わっていればOK、というふうに「愛」はすべてを包括する魔法の言葉のように使われることがありますが、私は本当にそれでいいの？　と疑問に思うこともあります。

悪いところもいいところもあるのは、育てている大人にもいえることで、大人も間違えることはたくさんあります。親も不完全な存在だということを忘れないでください。小さな子どもは、そんなお父さん、お母さんをいつも受け入れてくれています。そして当然のごとく「大好き」でいてくれるのです。

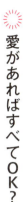

子どもの何倍も経験を積んでいて、どんなに正しい子育て法を実践しているつもりでも、あなたは完璧に正しい人間ではありません。「愛」ですべて丸くおさめる前に、まずはそれを心にとめておくべきではないでしょうか。

子どもに「なんでできないの？」「どうしてこんなことをするの？」と声を荒らげる前に、一度振り返ってみましょう。自分にはそれができていたのかしら？　と。

子育ては、ないないづくし

この本に子育ての正解は載っていません。ときどき、「うまれるときにマニュアルを持って出てきてくれるとラクなのに…」というお母さんの声を聞くことがあります。本当にそのとおりですよね。人はひとりひとり違いますから、この世にあるどんな子育てマニュアルも役に立たないとしたら、いったいどうしたらいいのか途方に暮れてしまうでしょう。

しかし、そんなときには不安になりながらも「自分が親としてやっていくんだ」「この子を育てる責任は自分にあるんだ」と、腹を決めてください。迷ったり悩んだりしても大丈夫。思いどおりにならない子どもにイライラして、感情的になることがあるのも当然です。思い描いていた理想の子育てに追いつけなくて、苦しくなることもあるでしょう。悩んで、揺れて、ぶつかって、それをきれいに解決できなくても、子どもは育っていきます。そして、本気で子どもと向き合っていれば、親としての力がついていきます。

それまでしっかり持ちこたえること。それが子育てだと思うのです。

おばあちゃん世代が残したもの

子育てをしていて苦しいとき、悩んだとき、今のお母さんの多くがインターネットやＳＮＳに頼ります。子どもが幼稚園に通っていたら、ママ友と思いきりおしゃべりして、共感の言葉を聞くのもストレス解消になるかもしれませんね。ただ、子育てからほとんど卒業しつつある私としては、「おばあちゃん世代の子育ての話にもっと耳をかたむけてみて」と伝えたいです。

時代が違えば子育ての常識も違う一方で、子どもの育ちの基本は今も昔も変わりません。子どもを育て上げたお母さんたちが残したもののなかに、ちょっとした知恵やヒント、ほっとひと息つける瞬間が見つかるかもしれませんよ。

「伝える」は自立への近道

子どもを叱りつけて、きちんとしつけをしていると満足している親は少数だと思います。子どもをきつく叱りつけてしまうということに悩み、叱ったあとには「どうしてあんなにひどい叱り方をしてしまったんだろう」と後味の悪い思いだけが残って、子どもの寝顔を見ては申し訳ない気持ちでいっぱいになってしまう。でも叱る以外の手立てが見つからないために、途方に暮れているという人も実は多いのではないでしょうか。

そんなときに役に立つのが「伝える」という方法です。そこには叱る、ほめるという一方的な言葉がけではなく、コミュニケーションが生まれます。子どもは親が所有するものではなく、ともに生活する「ひとりの人間」ということに、しだいに気づくでしょう。

それはこれから成長していく子どもとの関係に、そして子どもが大人になったときに築く他者との関係に、プラスになってくれるはずです。そして他者との関係がうまく築けるようになれば、自立にもつながっていくのです。

子育てを卒業して思うこと

私には、すでに成人して結婚し、家を出た子どもが3人います。世間一般でいえば、自立した大人に成長しました。しかし、親にとっては子どもはいくつになっても子どもです。娘の子育てにも口を出すし、息子一家が海外で暮らすと聞けば心配になります。

私には、離れて暮らす90歳を超えた父がいます。毎朝、父に電話をかけてひと言おしゃべりを交わすのが日課です。その父が、私から電話がこないと、

「何かあったんじゃないか」と心配になるというのです。子どもが成人して、就職したり結婚したりすれば、子育てからは卒業します。責任も軽くなります。でも、親としての思いは絶えることはありません。

親になったら一生、親です。もちろん、子どもとどれくらいかかわるかには個人差がありますが、心のどこかにはいつも子どもの存在があります。

しかし、親としての長い長い道のりのなかで、子どもに実際に時間と労力をかける期間はほんのひとときです。ときに大声を上げながら、それを反省しながら、謝ったり、ぎゅっと抱きしめたりしながら、子どもと真剣に向き合って伝える努力をしながらやっていく。

理想の子どもを育てる育児書は存在しませんが、子どもを育てた時間が、誰でもないあなたにとってかけがえのない宝物になるということは保証します。

がんばれ、お母さん！

おわりに

私の子育てスローガンは「寄ってたかってみんなで子育て！」。私も子育て中は、何度も鬼母《オニハハ》になりました。そんな私も祖母の立場になると、孫を叱りつける娘を見て「何もそんなに怒らなくっても…」という気持ちが頭をもたげることがあります。きっと私の母も、私の鬼母ぶりを見て同じように思っていたでしょう（そんな母も、私にとっては鬼母だったことがあったのですよね）。

子育て中の当事者と、子どもから少し離れている人とでは、子どもとの距離もスタンスも違います。どちらが正しいという議論ではなく、子どものために心を砕く人が増えることで、お母さんを〝鬼母化〟から解放したい…。そんな応援団のひとりでありたいと願いつつ、筆をおきます。

著者紹介

入江礼子（いりえ・れいこ）

共立女子大学家政学部児童学科教授。専門は幼児教育・保育学。お茶の水女子大学大学院家政学研究科児童学専攻修了。幼稚園教諭の後、専業主婦として３人の子育てを経験。鎌倉女子大学児童学部教授・同幼稚部部長を経て、現職。

ブックデザイン：井川祥子（iga3 office）
イラスト：カツヤマケイコ
校正：河野久美子
編集協力：村山京子
編集：五十嵐はるか

「ほめる」「叱る」のその前に
子どもにとどく伝え方

2015年12月1日　初版第1刷

著者　入江礼子

発行人　小山朝史
発行所　株式会社　赤ちゃんとママ社
〒160-0003
東京都新宿区本塩町23番地　第2田中ビル2階
電話：03-5367-6592（販売）／03-5367-6595（編集）
http://www.akamama.co.jp
振替　00160-8-43882
印刷・製本　シナノ書籍印刷株式会社

ISBN978-4-87014-114-8